Martha KORNBLITH
OBRA **COMPLETA**

Editorial Eclepsidra
Serie LOS **Cuadernos** del **dESTIERRO**

EDITORIAL ECLEPSIDRA
Carmen Verde Arocha, Directora General.
Luis Gerardo Mármol, Director Asociado.

1ª edición, 2016
Martha KORNBLITH. OBRA **COMPLETA**

© Miriam Kornblith Sonnenschein
© Editorial Eclepsidra, Asociación Civil
© Prólogo. Carmen Verde Arocha
© Estudio Preliminar. Gina Saraceni
© Epílogo. Rafael Arráiz Lucca

COORDINACIÓN Y PRODUCCIÓN EDITORIAL
Carmen Verde Arocha
María Antonieta Flores

ASISTENCIA A LA PRODUCCIÓN EDITORIAL
Rafael González García

DIAGRAMACIÓN Y MONTAJE
Fabiana Schael Medina

Editorial Eclepsidra A.C.
RIF: J-30098908-9
EMAIL: editorialeclepsidra@gmail.com
◼: Editorial Eclepsidra
TELÉFONOS: 0412.999.34.48 / 0414.244.52.71

Sin la autorización de Editorial Eclepsidra
queda rigurosamente prohibida
la reproducción total de este libro
por cualquier medio o procedimiento,
bajo las sanciones establecidas en las leyes.
Igualmente, queda prohibida la distribución
de ejemplares mediante alquiler.

Hecho el Depósito de Ley
DEPÓSITO LEGAL: lf5652016800869
ISBN: 978-980-6480-67-4

Impreso en Caracas, 2016

Martha KORNBLITH

(Lima, 1959 – Caracas, 1997)

Poeta. Licenciada en Comunicación Social por la Universidad Central de Venezuela. Cursó estudios en la Escuela de Letras de la misma universidad. Participó en varios talleres de creación literaria coordinados por Ida Gramcko, Armando Rojas Guardia, Rafael Arráiz Lucca. Fue miembro del grupo literario Eclepsidra y miembro fundador del Grupo Editorial Eclepsidra. Publicó *Oraciones para un dios ausente* (Monte Ávila Editores, 1995) y, póstumamente, *El perdedor se lo lleva todo* (Fondo Editorial Pequeña Venecia, 1997), *Sesión de endodoncia* (Grupo Editorial Eclepsidra, 1997). Poemas suyos han sido incluidos en antologías nacionales e internacionales, entre ellas: *Vitrales de Alejandría. Antología*. Grupo Eclepsidra (1994), *El turno y la transición. Antología de la poesía latinoamericana del siglo XXI* de Julio Ortega (México, 1997), *El hilo de la voz* de Ana Teresa Torres y Yolanda Pantin (2003), *Perfiles de la noche: mujeres poetas de Venezuela*, edición bilingüe español-inglés, de Rowena Hill (2006), *En-obra* de Gina Saraceni (2008), *Navegación de tres siglos. (Antología básica de la poesía venezolana 1826 / 2002)* de Joaquín Marta Sosa (2003, 2013).

Serie LOS **Cuadernos** del **dESTIERRO**

Serie LOS **Cuadernos** del **dESTIERRO** surge como expresión de nuestro compromiso editorial ante un medio donde se ha perdido la tradición de reeditar obras relevantes para el panorama literario y que, al pasar de los años, quedan desterradas de los estantes de las librerías y, en consecuencia, de las manos de los lectores. El nombre rinde homenaje al poemario *Los cuadernos del destierro* que supo de este destino porque por muchos años no fue reeditado. Es, también, expresión de respeto y reconocimiento al poeta venezolano Rafael Cadenas, a su visión poética de rechazo ante paradigmas sociales que niegan los valores esenciales de lo humano.

Editorial Eclepsidra

Martha KORNBLITH
OBRA COMPLETA

Carmen Verde Arocha
Prólogo

Gina Saraceni
Estudio preliminar

Rafael Arráiz Lucca
Epílogo

Caracas, 2016

PRESENTACIÓN

Con la publicación de *Martha Kornblith. Obra completa*, **Editorial Eclepsidra**, de la que Martha fue miembro fundador y mucho antes integrante del grupo literario Eclepsidra, reúne sus tres únicos libros, *Oraciones para un dios ausente* (1995, publicado en vida), *Sesión de endodoncia* y *El perdedor se lo lleva todo* (1997, ambos póstumos), para acompañar el entusiasmo que desde tiempo atrás ha surgido por la obra poética de Martha, no solo en Venezuela sino también, en otros países de Latinoamérica. No es de extrañar la espera ni la pulcritud del tiempo sosegado por él mismo para que esta nueva publicación fuera posible. Completamente coincidente con esta ha sido la emoción de su adiós sin despedirse, del cual se cumplirán veinte años en el 2017.

Acompañan esta edición de *Martha Kornblith. Obra completa*, un prólogo de Carmen Verde Arocha, un estudio preliminar de Gina Saraceni, un testimonio de su hermana Miriam Kornblith y un epílogo de Rafael Arráiz Lucca.

Sea el lector, ante el desconcierto de esta voz, quien halle un nuevo temblor, una nueva manera de atestiguar esta experiencia de escritura poética con la que Martha Kornblith cierra, en los años noventa de la poesía venezolana, una forma de encontrarse en el poema.

La editora

PRÓLOGO

Por Carmen Verde Arocha

Martha Kornblith: El rostro del amor en el poema

¿Quién puede decir que he perdido?
Martha Kornblith

La poesía de Martha Kornblith sustenta su más elevado acto de amor en el vivir cotidiano del poema. Es un goce que ni siquiera los propios amantes atestiguarían. ¿Cómo definir ese relámpago que sigue a su escritura? ¿Acaso es fuego que huye de su existencia para luego ser quemada en el poema? A la "tortura" del amor que busca desesperadamente abrirse, aparece la libertad, como único instante.

Hace dos décadas: es una mañana fría de mayo, luego de la lluvia caída durante la noche, frente a un Ávila, majestuoso, en su verde más verde lejos del dolor, recuerdo a Martha quitarse los lentes, los limpia con el dobladillo de la blusa blanca que lleva puesta, los coloca de nuevo en su nariz y callada se queda mirando a unas palomas que juegan entre sí. Alzan vuelo asustadas por los transeúntes que caminan por la pequeña plazoleta del tercer piso del Centro Plaza. Las palomas vuelven insistentes, auscultando debajo de las hojas de los pequeños arbustos. Seducida por el aleteo de las palomas, Martha sigue una a una en su vuelo, pero hay una blanca que tiene un ala rota y cae ante cada intento. "¿Cómo no la vi antes?", se pregunta. Martha le ofrece migajas de una torta de zanahoria que aún no ha probado. La paloma aprovecha y come cada vez que la gente pasa y sus compañeras atemorizadas vuelan dejándola sola. "A veces, es bueno no poder volar", dice Martha. En ese minuto, la vi volcando todo su amor y compasión sobre esa ave. "¡Qué amor tan grande!", me dije. Pienso en un verso suyo: *"Suelo volar como una paloma herida"*. Esto ocurrió días antes de su partida.

La poesía de Martha Kornblith es una voz inquieta: su memoria, el deseo, el sueño que abriga, conmueve, nos despoja del pudor de las exigencias formales del lenguaje para adentrarnos en el estremecimiento de una palabra directa, dolorosa, descarnada que comunica con sencillez su osadía de romper con un estado de aislamiento interior: *"Todo esto que hemos hecho/ fructuoso o no/ es nuestra piel, nuestro nombre" (El perdedor se lo lleva todo).*

Publicada por primera vez en los años noventa en Venezuela, su voz poética centrada en el retiro, en los desencuentros de lo humano, viene a hallar en el poema un lugar escondido para concretar el amor, pues el mundo exterior es una realidad inabarcable, una casi trampa de la que duda siempre: *"Aunque el amor,/ dicen,/ es una palabra/ que no le hace bien al poeta mencionar,/ he buscado las mejores formas de decirte/ que se construye a pequeños plazos,/ que me diste pequeñas cuotas de inspiración/ y a cambio te reemplacé en algunos versos./ Me he visto en tantos de tus poemas/ que he abandonado mi adicción a los espejos/ y ya no dejo mi imagen derramada en las aceras/" (Oraciones para un dios ausente).*

En otro texto, consciente de su quiebre en el afuera, escribe: *"Hoy/ se me ha perdido el mundo./ Es a mi propio extravío/ lo que busco." (Sesión de endodoncia).*

La poesía se apodera de todo lo que toca, su mayor sueño es encarnar en el cuerpo del poema. Martha lo sabe, la deja hacer: *"Y si el poema/ fuese/ mero ejercicio de vanidad/ vana soberbia"*. Sin embargo, permite que su poesía se reinvente, tome lo mejor de sí misma, se alimente de su orfandad, de su desarrollo, de sus ensayos, de sus pequeñas conquistas y decepciones. La poesía la obliga a amarla y a cambio le ofrece el poema como único refugio o seguridad, es una parte que debe habitar refinando su psique, simplificando su fortaleza para **intentar** ver el cielo desde allí: *"Me dices que te hable sobre mi vida./ Yo te propongo un poema sobre la locura./ Me propones una frase para desarrollar un poema./ Poema es momento presente, lo que me ocupa./ Me dices que me ponga en el lugar/ de la que me hubiera gustado ser./ Yo te digo que una actriz de cine/ famosa para vivir y ser amada por miles/ que es como volar por encima de una playa/ y saber que aquella gente me mira y me llama/"* (Oraciones para un dios ausente).

Martha, al principio, presiente que todo es un mandamiento: *"Por eso me volví poeta/ porque pasa lento el tiempo en la soledad."* (Oraciones para un dios ausente).

Luego, lo vive en la más alta lucidez de su destino. El poema ya decide por ella, se ha transformado en su perfecto acto de amor: *"Cómo duele/ no dejar que entres en mis labios vírgenes./ Cómo duele planear el poema de amor/ Cómo duele/ vivir como una vela/ en el viento/ cómo duele/ un beso."* (Sesión de endodoncia).

En algún momento busca aferrarse a la existencia, en un intento de concebir el amor lejos de su palabra: *"Busco el amor/ en la canción/ busco el amor/ allí donde termina/ la historia./ Busco el amor/ en todo lo que no soy/ en todo lo que no puedo." (Sesión de endodoncia).*

A esta claridad llega tarde, da conocimiento de esto: *"Adiós, poema, adiós/ he tratado de explicarme el cielo/ he bailado con un poeta/ en noches ebrias./ Adiós, poema, adiós./ Nunca más seré poeta/ nunca más seré poeta." (Sesión de endodoncia).*

La poeta dialoga, juega su última carta, reflexiona y ve la existencia como apuesta: *"Ahora que los números me traicionan en las ruletas/ y me da miedo ver las cartas/ lo he apostado todo./ Pertenezco a una legión distinta de ganadores." (El perdedor se lo lleva todo).*

La única manera de callar el poema fue callando su vida. Y de este modo conversa con otras escritoras:

"Me enamoré en diciembre/ en el mediodía del lejano oeste americano/ cuando, sin sospecharlo/ hilaba sueños a lo Virginia Woolf." (El perdedor se lo lleva todo).

"Asistir un sábado por/ la tarde a una librería/ sin sopesar/ los tontos que éramos/ que plagiábamos hasta la/ desdicha y el suicidio./ Asistir un sábado a la/ librería/ para copiar a Silvia Platt/ o al más cercano vecino." (Oraciones para un dios ausente).

"*Es martes/ y leo a Kristeva:/ ‹La melancolía es/ una perversión,/ a nosotros nos toca/ conducirla hasta las/ palabras y la vida›.*" *(Sesión de endodoncia).*

La poesía de Martha Kornblith (amiga entrañable con quien compartí mis primeras voluntades y anhelos por la poesía y la escritura) es un diálogo esencial y perdurable que redime el rostro del amor en el poema, así la leemos, así la recordamos:

Hoy termino de aprender
que no hace falta
sólo un íntimo comienzo,
la palabra conclusiva
que lo vincule
y lo enlace todo,
que para escribir un poema
(dulce y ahíto recodo)
hace falta fundar
en las estrofas
un lugar donde permanezcan
nuestros silencios.
Tampoco bastan las sentencias,
gesto final y tardío:
(esta ocupación, la más
inocente de todas)
es preciso que el amor
se instale en leve abrazo
y anude las palabras
(tampoco se llega lejos).
Es necesario descifrar

la exacta medida, el vínculo necesario
donde surgen las hipótesis,
adentrarse en el punto decisivo
en que se cruza el verbo y
la mirada.

(Oraciones para un dios ausente)

Los tres libros contenidos en *Martha Kornblith. Obra completa (Oraciones para un dios ausente, El perdedor se lo lleva todo, Sesión de endodoncia)* me convocan a leerlos como si se tratase de uno solo. Esto invita a otra revisión de su palabra.

En mi recuerdo atesoro su voz, su silencio refugiado en la desesperación y melancolía. Sobre esto se ha establecido cierta fascinación por una poesía escrita-inscrita en los límites de la existencia humana, no ajena a cierta tradición dentro de la poesía venezolana. Toda su obra poética reunida en este libro nos llevará a leerla como una primera vez siempre.

ESTUDIO PRELIMINAR

Por Gina Saraceni

Martha Kornblith: una trapecista sin cuerda (Breve historia de una caída)

> *Diría que mi vida*
> *fue la de un trapecista*
> *que ha perdido su cuerda*
> *floja.*
>
> Martha Kornblith

Hay una zona de la tradición poética venezolana del siglo XX que se destaca por su sonoridad y disonancia. Poetas que gritan, ladran, aúllan y hacen de la voz un órgano para expresar su desacuerdo e inconformidad respecto de las normas, los clichés, los códigos establecidos por el *status quo*. Pienso en Hesnor Rivera, Miyó Vestrini, Régulo Villegas, integrantes del grupo Apocalipsis; Carlos Contramaestre, Caupolicán Ovalles, Juan Calzadilla —miembros de El Techo de la Ballena-, Emira Rodríguez, José Rafael Muñoz, María Calcaño, Luz Machado, Ida Gramcko, Mariela Casal, cuya obra constituye una "descarga acústica"[1] dentro del campo literario venezolano, una interferencia que desestabiliza e interrumpe la ley de la escucha e introduce en ella una "dislocación sensorial"[2] que da cuenta de la existencia de otro sensorio que se relaciona con la vida, la cultura y la poesía de otro modo: haciendo ruido.

---

[1] Este concepto es de Julio Ramos quien lo define como "un ruido (...), un accidente, un intervalo (...) un desvío 'sincopado', 'atonal', reconocible apenas como el sobresalto del plano sonoro (...). La intensidad de estos desbordes es capaz de transtornar la designada economía de los órganos, el ordenamiento jerárquico de los sentidos en el cuadro anatómico del saber. (...). La historia no niega el impacto de la sobrecarga acústica. Por el contrario, desde mucho antes de la modernidad, la historia reconoce su potencia abrumadora, el riesgo de sobresalto de cualquier sujeto que exponga demasiado el oído, el cuerpo, a la intensidad musical, al alboroto de voces, o simplemente a las variaciones múltiples que transitan el plano sonoro ajeno a las demarcaciones del sentido" (2010: 49-50).

[2] Este ensayo sobre Martha Kornblith forma parte de un proyecto que estoy desarrollando sobre la escucha y la sonoridad en la poesía venezolana que será publicado en 2017.

En este sentido la obra de Martha Kornblith conformada por los poemarios: *Oración para un dios ausente* (1995), *Sesión de endodoncia* (1997), *El perdedor se lo lleva todo* (1997), constituye una zona de excepción dentro de la producción poética venezolana de los años '90 por la disonancia y estridencia de su voz que se atreve a torcer las herencias familiares y culturales para hacerlas permanecer dentro de otras lógicas, como también a manifestar su desacuerdo en relación a las tecnologías médicas y psiquiátricas y a ciertos protocolos sociales. Aquí la vida y la obra de la autora están tan vinculadas que resulta difícil deslindar dónde termina una y dónde comienza la otra. Se trata de una trama verbal donde la existencia adquiere forma poética a través de una voz que, de modo desgarrado y melancólico, otros desenfadado e irónico, da cuenta de una vida estructurada en la falta y la pérdida.

Los tres poemarios de Martha se pueden leer como registros de la memoria familiar y de la cotidianidad más ordinaria de un sujeto poético —niña-hija-muchacha-enferma-poeta— que no logra pertenecer a ninguna casa, a ningún rol social ni tampoco logra sobrevivir a ningún amor, y se sirve de la poesía para hacerla "maullar" como lo hacen los locos del manicomio cuando "en la madrugada/ maúllan al unísono/ llamando a sus madres" (*Oración para un dios ausente*, 1994: 69-70). La poesía da cuenta de las temperaturas afectivas y emocionales del hablante poético-Martha; su ansiedad y su dolor, su impotencia y fracaso, su intimidad perforada de ausencias donde "todo se ha perdido":

Hoy
se me ha perdido el mundo.
Es a mi propio extravío
lo que busco.
>*(Sesión de endodoncia*, 1997a: 9)

Este sujeto declara que "terriblemente/ uno solo viene a/ la vida a vivir/ como a todo" (Id. 13) y que no hay alternativa para quien se balancea entre la estabilidad y la caída, la horizontalidad y la verticalidad y se esfuerza por no perder ni la "cuerda" ni el "hilo": esos soportes frágiles donde la existencia y la escritura se apoyan en equilibrio precario. A través de un lenguaje crudo, directo, a veces coloquial, que oscila entre el registro narrativo y el reflexivo, la interrogación, la confesión, la alteración, Martha despliega un canto roto, descarnado y tierno a la vez. Mediante la referencia a escenarios diversos como la casa de los padres, los casinos de Las Vegas, los manicomios, las clínicas psiquiátricas, las librerías de Caracas, los consultorios médicos, Sabana Grande y menciones a la industria cultural, al cine, a la música, traza el relato de un sujeto desgarrado en el afecto que concibe la poesía como espacio de resistencia:

> Sé que bajo de mí
> algo se cuece, algo se conspira
> Alguien me martiriza
> sin derecho a réplica.
> Yo callo y obedezco.
> Pero lo diré en un poema,
> Lo diré en un poema
> (Id.: 22)

Aquí el poema es el lugar donde el desacuerdo y la descarga acústica se despliegan para contrarrestar la conspiración que constituye la vida normada por reglas y convenciones, de aquí que el lenguaje poético derrame la crudeza de su canto en los oídos sordos de los vencedores, los magnates, los poderosos. El poema, entonces, a través de su tono disonante y rebelde, articula a una comunidad de "irrealistas delirantes", una "legión distinta de ganadores", "de seres expulsados del Edén del mundo", que tienen en común la experiencia de haber perdido la cuerda de la razón por haber elegido la intensidad de la vida por sobre todas las cosas. La voz de Kornblith habla en nombre de los que, al igual que ella, eligieron "no acudir a la cita" (*Oración para un dios ausente*, 1994: 43): locos, enfermos, esquizofrénicos, compañeros de la Clínica Monserrat, condenados por el ojo panóptico de la psiquiatría que los despoja de toda agencia al callar la estridencia de sus voces con el consuelo de los calmantes; así como poetas que han perdido la confianza en la palabra, las víctimas del Strip de los casinos de Las Vegas que convalecen "en el pabellón estatal de enfermos mentales" (*El perdedor se lo lleva todo*, 1997b: 13). El exceso afectivo, el hastío, la asfixia de esta comunidad "inoperante" hace saltar el "hilo central" de su discurso haciéndolos aullar como perros hambrientos. En nombre de este "pueblo menor", la poesía de Kornblith se suicida eligiendo la caída y el silencio; la renuncia como un modo de ser fiel al deseo, más allá del fracaso y la impotencia; un salto fuera del lenguaje para liberar su densidad sonora, su materialidad acústica, su estridencia animal.

Martha escribe para apartarse de este mundo de confrontaciones donde "buenos y malos", "blancos e indios", "culpables e inocentes", "cómplices y aliados", "ganadores y perdedores", "locos y cuerdos", llevan a cabo una guerra por sus dioses presentes y ausentes. Cada vez que se enuncia, su palabra es una despedida, un adiós a lo perdido y a los que ya no están. De allí que su poesía también sea una escritura doliente, que se duele y hace duelo por los muertos —"No hay nada que me duela más/ que el dolor de mis padres/ por sus padres muertos" (*Oración para un dios ausente*, 1995: 29)— y que anticipa el luto causado por la muerte futura de los padres. Una escritura que está entre la vida y la muerte como si fuesen estados complementarios donde la voz poética transita y se comunica con los espectros de su sangre, con "el espíritu" de la madre para confesarle no haber "cumplido con tus aspiraciones/ de buena ama de casa, madre de hogar,/ hijos, nietos, etc." y haberse convertido en poeta "que es lo mismo que decir/ en poeta suicida/ y que por eso/ juego y seduzco a la muerte/ todas las noches" y "apenas persigo cucarachas" (*Sesión de endodoncia*, 1997a: 30).

El poema de este modo se vuelve espacio de inscripción de una existencia que tuerce el mandato familiar para perseguir un rastro animal y devenir con él en fuga y huída de este mundo. De este forma, Martha Kornblith vuela "como una paloma herida/ en una playa interminable" (*Oración para un dios ausente*, 1995: 27) y su voz queda resonando en los oídos de la poesía.

Bibliografía

Deleuze, Gilles (1997). *Crítica y clínica*. Barcelona, Anagrama.

Kornblith, Martha (1995). *Oración para un dios ausente*. Caracas. Monte Ávila Editores.

_____ (1997a). *Sesión de endodoncia*. Caracas, Editorial Eclepsidra.

_____ (1997b). *El perdedor se lo lleva todo*. Caracas, Pequeña Venecia.

Quignard, Pascal (2011). Butes. México: Sexto Piso.

Ramos, Julio (2010). *"Descarga acústica" en Papel Máquina*. Revista de Cultura, Santiago de Chile, año 2, n. 4, pp. 49-81.

ORACIONES PARA UN DIOS AUSENTE
(1995)

OBRA **COMPLETA** 29

A Fernando Yurman
Por sus íntimas convicciones
Sus secretas alegrías

Por eso dedicamos nuestros libros
a los muertos.
Porque tenemos la vana convicción
de que nos escuchan.
Nosotros, cómplices de oficios
menos inocentes,
creemos que seremos dioses
en otros mundos
porque pensamos que la felicidad
es la distancia del milagro
cuando soñamos con una palabra,
cuando vemos alzarse los aviones.

Mi primer síntoma
fue callar la protesta.
Sólo hubo tardes
de presencias inútiles.
Asistir a la hora exacta
para ahogarme
en silencios no descifrados.
Si no pudieron los expertos
quién hará hablar a la renuncia.
Las luces de neón en el camino
dicen más de mi ruina cotidiana.
Desde entonces
he dejado de merodear
en el pasado.

Por eso me volví poeta
porque pasa lento el tiempo en la soledad.
¿No es apenas un peligroso instante
lo que sostiene nuestra cordura?
¿No depende la locura
de nuestra única, frágil cuerda?
¿No pende ella de un sólo término,
del preciso término,
aquel que nos salva
o nos condena?

Mi universo temático
sólo abarcaba
tres frases escuetas:
pienso que tú
dices de mí
que yo digo que él
piensa de mí
en mal sentido.

Tus padres te miran.
Ellos habitan en tus delirios.
Te recuerdan las fechas,
el cumpleaños, el aniversario.
Te corrompen tus sueños.
Conspiran en las viejas fotos.
Te anuncian tu próxima liberación.
Tus padres te dicen:
Todo tiene solución
menos la muerte.
Pero yo sé que nunca más
callarán mis nervios
y me hundiré en mi muerte simbólica.
Sin más definiciones.

Recuerdo tus detalles más inocuos:
tu forma de enfriar la sopa,
tus zapatos Florsheim,
tu gusto americano.
Tu colección Dunhill,
tu afición por el tabaco caro,
Fred Astaire y el *Puente sobre
el río Kwai*.
Lo demás
era mierda.

La calle está llena
y hay una mujer
que en el fondo de su cuarto
llora sola.

Ama a un hombre
que escribe teorías.

Recuerda el día
lleno de adioses últimos.

Es de noche,
y afuera
me llueve.

Porque es viernes,
diciembre
y te vas.

Me dices que te hable sobre mi vida.
Yo te propongo un poema sobre la locura.
Me propones una frase para desarrollar un poema.
Poema es momento presente, lo que me ocupa.
Me dices que me ponga en el lugar
de la que me hubiera gustado ser.
Yo te digo que una actriz de cine
famosa para vivir y ser amada por miles
que es como volar por encima de una playa
y saber que aquella gente me mira y me llama.
Eso es morir.
O suicidarse.
Vagar como un fantasma ausente
en la conciencia de miles sin cuerpo ni cara.
Para verlo tomar palco entre miles estupefactos
y llamarme.
Suelo volar como una paloma herida
en una playa interminable
y dejar rastros de sangre
ante el tin tin ausente
de tu teléfono,
llamarte es confrontarme con la realidad inexorable
de un fracaso.

Este recuerdo a lo ancho de lo eterno,
esa presencia ausente,
esa memoria que no respeta al cuerpo
(la muerte se aleja sin despedidas).
Esta angustia de no poder,
esa asfixia.

La casa está quieta.
Las cosas temen a sus habitantes.
Un cuadro pernocta sobre otro cuadro.
Una foto se lanza al precipicio.
La noche es breve.
Los visitantes son breves.
Los peces navegan indiferentes.
Soy el único que vive.
La ensoñación se roba la idea.
Queda la costumbre de la angustia.
Buscar otro sueño.
Otro destino.
La casa está quieta.
Ya no danza con sus invitados.
La casa se resiste a sus habitantes.

No hay nada que me duela más
que el dolor de mis padres
por sus padres muertos.
Cuando brindan calladamente en su memoria,
en un almuerzo frente a su niña linda viva.
Cuando mi mamá le lleva flores
a su mamá en el cementerio.
Yo me veo frente a su tumba
llorando algún día.
Porque ya no la tengo,
y ella ya no tiene a su niña linda.
Me acordaré que me contaba
cuentos sobre su mamá que a mí me aburrían
como una forma de dejar un atisbo
de su memoria.
Yo estaré alerta de rescatar que:
a mi papá de niño sólo le podían dar un penny
para ir a jugar a
Coney Island.
Que mi mamá se estrujó toda la vida
entre sentimientos de culpa
porque en su época no existía
el confort de los psiquiatras.

En el día del entierro
uno anda como un ciego.
En la casa,
nos esperan ansiosos
los espejos.

No me digan que la tierra
que cubre tus gestos
es la de tu origen.

Mi madre me entendía.
Conservo de ella su libreta.
Ningún teléfono al que llamar
una huella de su herida.

En las noches
los sueños me laceran.
Somos dos,
las que asistimos a un cielo
imperfecto.
Veo el ojo,
pero el ojo es ciego,
veo el sol,
pero lo subyace la penumbra,
veo al hombre,
pero el hombre me reniega.
Me paseo sobre un dios,
que estoicamente sufre.
Una vez viví en esos países
donde ahora habitan
hombres que ya han muerto.
Los veo como afirmación,
pero son sólo una metáfora,
los quiero, pero no me reconocen,
veo el cuarto
pero esos cuartos
ya tienen huésped.

A veces
es preciso
volver a los recuerdos
para anular la memoria,
aniquilar vestigios,
otras vidas,
saludar viejos lazos,
decapitar antiguos papeles,
zozobrar de nuevo,
para que vuelvan a decir
y no tener,
no poseer nada.

Si mis ropas mucren
con el ocaso de mi cuerpo
y la rendición de mis pasos,
si las cosas oscurecen
con la opacidad del día.
Si las horas pierden su agilidad:
¿Habrá minuto capaz de definir
la estaticidad del tedio?

Mientras sólo
nos observan de reojo,
nos acusan de irrealistas delirantes
y naufragamos
en las lavadoras.
¿Sobreviviremos
al sopor de las cocinas,
a la puntualidad de los recibos?
Seremos
personas cotidianas,
sólo cotidianas
pero no acudiremos a la cita.
Fingiremos morir.

Ese poeta que me mira.
Todas las noches,
sale de clase,
dilucida un verso,
espanta las moscas del bebedero,
bebe un sorbo,
sacude su blue jean.
Y lo sigue haciendo, siempre
triste,
lacónico.
A veces
el público lo aplaude,
él sólo merodea en su bolsillo,
hunde su frente en el palco
mientras yo pienso:
Él
y la página en blanco.

He visto a un poeta escribir
acerca de la inutilidad de la poesía.
Ellos, en el final de sus vidas,
se vuelven caóticos y telúricos,
reflexionan sobre el cosmos,
denigran, con justa razón, del poema
mientras sus manos convulsionan
sobre un vaso de whisky
y vuelven al tormento inicial
que se expande ahora a las dedicatorias.
Dormitan sobre sus carátulas
pero ya no conspiran, como otros, en los salones.
Buenos y visionarios
no confiesan nunca su debacle,
están sobre el fin del mundo.
Lloran porque la palabra se ha vuelto estúpida
y se preguntan si ha sido legítima la espera.

Hoy termino de aprender
que no hace falta
sólo un íntimo comienzo,
la palabra conclusiva
que lo vincule
y lo enlace todo,
que para escribir un poema
(dulce y ahíto recodo)
hace falta fundar
en las estrofas
un lugar donde permanezcan
nuestros silencios.
Tampoco bastan las sentencias,
gesto final y tardío:
(esta ocupación, la más
inocente de todas)
es preciso que el amor
se instale en leve abrazo
y anude las palabras
(tampoco se llega lejos).
Es necesario descifrar
la exacta medida, el vínculo necesario
donde surgen las hipótesis,
adentrarse en el punto decisivo
en que se cruza el verbo y
la mirada.

Aunque el amor,
dicen,
es una palabra
que no le hace bien al poeta mencionar,
he buscado las mejores formas de decirte
que se construye a pequeños plazos,
que me diste pequeñas cuotas de inspiración
y a cambio te reemplacé en algunos versos.
Me he visto en tantos de tus poemas
que he abandonado mi adicción a los espejos
y ya no dejo mi imagen derramada en las aceras
(a cambio de tus pequeñas dosis),
en las que dejé mi historia personal
(eso que llamas talento fácil y gratuito),
pero quizás mis versos se conocerán un día
como productos caros y lujosos,
los hice a partir de esa palabra
que no será bueno mencionar
para el bien del poema
y el mío propio
y el tuyo quizás,
tan atado ahora a esa convención
de ya no reemplazar amores en poemas,
quizás alguien deberá escribir poemas por ti
mientras yo derramo mi imagen en las aceras
en busca del origen de tu poética
(de tu historia personal)
tan conocida en estas calles
donde yo busco una nueva dosis de inspiración
para amparar a mis poemas de la muerte

y a mí de la muerte por los poemas
y esa palabra
que no conviene
al poeta,
ni a ti,
ni a mí,
ni a este arte,
de reemplazar amores en poemas,
muertes,
hijos,
de ofender amores en poemas,
de herir amores en poemas.

Inexorable
te abres al fin,
fugaz como un beso
sembrado en la oscuridad,
esa forma de anticipar
frases que tienen que ver
con el tiempo.
Converge en ti esa sabiduría triste
(acuso una melancolía sola),
tienes esa manera ilustre de aparecer
sumido en el intertexto,
pero es preciso demorar
este poemario del tiempo,
impecable llegaste al fin
(tu discurso espera, ávido de horas).

No he cambiado mi forma
sólo le he dado un nuevo destino a las palabras.
Te sorprenderás de esta nueva manera de darme,
estoy harta de esta manía de suicidarme
en cada verso, cada ocaso
quizás sea así,
probablemente la partida.
No he cambiado mi forma
sólo he decidido disimular
esa costumbre trágica
de abandonarme en el inicio
y reanudarme en la caída.
No he perdido el motivo,
he retomado mi manera habitual,
he reanudado el proceso,
no he perdido mi hilo central,
esa forma triste de designarme
en cada línea.

Creer en ti
sería una buena forma
de comenzar a reconciliarme
con el mundo.
No creo Lucien
en un dogma parecido
que refleje una verdad
sencillamente manifiesta,
puramente estructural
(en un nivel estructural
más profundo),
si mi cambio se concibe
histórico
iré al margen del tiempo,
irremediablemente histórica,
no creo Lucien, de tu concepto marxista,
la posibilidad
de hallar una posición
en este mundo
(a pesar de esa verdad
tan ortodoxa),
tendré que seguir cambiante
portando tu objeto de estudio
(aquellas contradicciones),
buscando tu utopía
tácita y decadente,
mi término subyace
a tu teoría,
me busco tras aquel signo rancio
(aquella conciencia posible),

no creo Lucien, en la posibilidad
de hallar una posición
en este mundo
(tan a pesar del cambio histórico).

En julio,
por una soleada tarde de domingo,
Vincent van Gogh salía hacia el campo
con una pistola en el bolsillo.
De esos últimos setenta días de vida
mi viejo libro de arte registra
el color febril de una iglesia
en el centro de Auvers,
Mademoiselle Gachet en el jardín
y el retrato que su psiquiatra, el doctor Gachet,
quiso con mucho antojo y capricho
y con el que Vincent cumplió
en junio.
Yo, que hoy he fallecido algo
y sólo observo, quizás como van Gogh
me suicidaría para no tener que morir.
Yo, como el doctor Gachet,
no te abandono y te entiendo,
he paseado por tus mismos jardines de locura
y reproducido muchos de tus árboles
(con poco éxito).
Sé del moho y del orgullo con que Tate Gallery exhibió
aquel millonario cuadro y que Vincent,
generoso con él mismo, sólo pintó
para alegrar su cuarto
(aquel donde apenas cabía un melancólico catre).
Vincent van Gogh pintó mucho
pero nunca vendió un solo cuadro.
Por mil ochocientos ochenta y ocho
le pegó en la cabeza a Gauguin,

pintó primaveras bajo cielos turbios,
le regaló su oreja a una prostituta.
Felizmente, los años no reseñaron
la pintura de un loco, sólo la de alguien,
quien infinitamente sólo sentenció:
Sin embargo, hay en mí una especie
de música serena y pura.
De la pálida asepsia del manicomio de Saint-Rémy
se desprende una frase que siempre
he compadecido: *Theó, mis ojos y tus ojos*
son tan azules y tristes como los del doctor Gachet.
Hoy, que te entiendo, no te abandono
y te compadezco con dulzura, te pinto y te expongo
con mucha pedantería
en mi sala.
El pobre Vincent, quien apenas quiso expresar tristeza,
solamente hizo poemas de alegría.

Antes de que la vergüenza
borrara el recuerdo de los crematorios,
un filósofo pidió al mundo
que no se escribieran poemas.
Escribir un poema
después de Auschwitz es imposible
—dijo—,
es una barbaridad.
¿Qué escribir sobre el color gris,
las fotos de los cabellos,
los lentes y los cadáveres?
Ese filósofo —Adorno—
prohibió cantar a los pájaros.
No había mucho que decir,
en tanto,
esos hombres no aprendieron poesía
en Treblinka.
Nunca quitaron el polvo de sus pocilgas,
ni superaron la envidia del gato.
Günter Grass
se volcó contra el mandato de Adorno.
Quería poner a prueba su talento.
Escribió un poema llamado *Ascesis*:
Tienes que utilizar ese traje
una vez y otra
y no llevar nunca un traje nuevo.
Tienes que vivir de la orina
de los riñones mal lavados.
Esto recordé cuando iba a escribir
un poema.

No había sobre qué decir,
salvo las tertulias de hambre,
la imposibilidad de abstraer.
Había que andar
con el lápiz bien afilado.
Y escribir:
no escribas poesía
ni envidies la seda de las sinagogas.
Lo digo hoy
hastiada de miedo.

Hay días que viven en la memoria
como aquellos en que aprendimos las palabras,
y botamos las muñecas,
vimos por última vez a esos parientes.
Sé que es a ellos a quienes busco
cuando temo no llegar a la cita.
A los cinco, un universo que llamé remordimiento.
La suerte, una palabra que venía en un papelito
que comprábamos por un sol.
La suerte que decían las gitanas
que llegaban al final de la tarde.
Suerte era encontrar un trébol en el césped:
el perro escarbando para esconder un hueso
(Fortuna se llamó mi segunda madre).
Si todo el mundo ha de hacer un día
un poema sobre su infancia
sería absurdo repetir
que había que llegar puntual a las damas chinas,
a la hora del llanero solitario,
hacer de la cuadra nuestro pequeño mundo,
ese que aún busco cuando exploro un gesto
que me delate en la fotografía
algún atavismo.
El día se acababa cuando guardábamos las bicicletas,
luego nos asustaba el fantasma de la noche
pasando con su claxon de miedo.
El viejo manicomio de la esquina era
la hazaña más temida de nuestro territorio de juguete.
Más tarde tuve afecto por los locos famosos
y con mis amigos hablamos de poetas

que no hubieran asesinado su insomnio
si hubiesen existido los antidepresivos.
También conocí a esos doctores infames
con sus consultorios de magnates,
recibiendo en antesalas de chismes,
amenazando con curas,
yéndose de viaje en el peor de los momentos.
Pero fue bueno haber aprendido las palabras
(para no decir los paraísos perdidos)
      Suerte Fortuna,
porque esas palabras me acompañaron
el día en que me dije Calle Valle Riestra 250
para no sucumbir a un vocabulario de miedo
y recé para adentro:
Escucha Israel,
Dios es nuestro Dios,
Dios es uno.

Sería fatal decir
que el tiempo lo dirá,
el tiempo es mudo
como tus cosas
que no me hablan.

Clínica Monserrat

Estaba permitido
embriagarnos con agua
para olvidar
lo que no éramos,
porque al fin y al cabo
todo había perdido su sabor.

Éramos
seres expulsados del Edén del mundo,
para nosotros
no se hacía la luz,
atrás nos habían dejado
los paraísos.

Eran cruentas las despedidas
en la víspera de alguien
que se iba a soñar
que alguna vez abriría la puerta.

Todos nos dijimos
visitarnos en un mundo mejor,
pero no cumplimos la promesa.
Ansiábamos entre los muros
un horizonte que no veíamos
como un anuncio que promete
una isla de mares cristalinos.

Esperábamos a nuestros doctores
amasando el pan del almuerzo
para fingirles
que aún existíamos.
En las horas más rancias
nos tomábamos de los brazos.

A veces se nos permitía
echarnos al sol
para no vernos.

Circulaban los libros,
Wayne Dyer, Buscaglia,
Cómo vivir la vida feliz,
La universidad de la vida
y otros.
Para los más sabios
la poesía era un lugar
donde orquestar su huida.

Hubo un hombre.
Me regaló a Laing y a Cooper
y aunque predicó allí la antisiquiatría
no sobrevivió a la burla
de los conjuros médicos.

—Pintor se decía—
traficó con droga y dinamita.
Propagó ofertas de matrimonio
que tenían como única garantía
algunos pésimos bocetos.
Entonces le mostré la psicopatía

en un poema del colombiano Asunción.
Saltó los muros.

Allí encontré
las mejores metáforas.

Mi amiga y yo hablábamos
de conciertos de perros en las noches,
de ladridos que creíamos
nos llamaban a nosotras.
Supimos que el delirio era
una forma de sostenernos
en los precipicios.

Orquestamos bailes
con músicas que no sonaban.

Salvo las horas de miedo
también era posible reír.
De las reuniones de quejas,
de la carne dura,
de falsos mormones
que profetizaban nuevos advenimientos.

También recé
a un Dios que no era el mío
cuando nos juntábamos a las siete
después de la cena.
Nos permitimos mezclar
la leyenda de Cristo
con la de David y Salomón,
porque cualquier cosa era buena

si se trataba de hallar
una esperanza en ese templo.

No creo que fueras mala,
clínica Monserrat,
sólo que tenías cosas buenas y malas.
Te olvidé cuando la libertad
se me reveló,
se posó como un estandarte,
como algo que ya no me desmerece
y me obliga
en un muro de ladrillos
frente a la ventana ahora abierta.

Desde entonces
Dios es alguien
que resurge de esos garabatos
para no saber
que aún hay seres
que en las madrugadas
maúllan al unísono
llamando a sus madres.

Dime Jessy Jones,
¿no crees que mi odio sea analizable?
        Me citan.

        Me controlan.

        Me dosifican.

Dime Jessy Jones,
cuáles son los caminos que conducen a Bridge Town,
Cinamon City, Orson Gate,
donde caigo de bruces frente a la palabra,
que en definitiva es él,
y entonces la rabia cede.

Así soy yo:
la rabia regresa junto con el aburrimiento.
¿Sería mi aburrimiento mi histeria?, dijo Barthes,
para eludirlo, disfruto una ceniza quemándome
                              [el centro del cuello,
la nada, el detalle sin fuerza.

Así soy yo:
busco tu nombre en la guía telefónica,
llamo y cuelgo.

Perdóname, reconociste el sonido de los grillos
                                    [en mi cuarto,
sabías que era yo (era la una de la madrugada),
solté un brinco, tomé una ducha y exclamé frente
                                         [al espejo:

estoy en él, vivo en él,
dormí suavemente, con voluntad.

Esta es mi lógica interna:
suicidarme se ha convertido en mi divertimiento,
[mi vocación:
hace días, tomé quince fármacos y lo llamé para decirle
que era la única forma de lograr que me atendiera.

Así soy yo (manipuladora):
invento nombres de ciudades, no porque signifiquen, sino
para darle un ritmo al poema.
Vamos Jessy Jones a Bridge Town, Cinamon City,
[Orson Gate,
allí donde la rabia cede y yo voy con botas, un abrigo y un
blue jean a un café citadino. En él, varios poetas se
interesan por el suicidio como una elección personal
[de la muerte.
Esos bares, paradójicamente, son tremendamente
[insomnes,
insuflados de vida.
En definitiva, nadie es capaz de decidirse.

Dime Jessy Jones,
¿no crees que mi odio sea analizable?

Por favor, culpa al contexto,
rompe el límite.

Así es mi rabia:
me persigue, me hace ir del vértice del bien al mal.
Odio,
manipulo,

me autodigo puta loca, loca puta,
llamo y cuelgo,
cuando desaparece
digo gracias.

Dime Jessy Jones,
¿no crees que los verdaderos limitados son los médicos?

Este poema tiene su historia secreta:
nace de un sueño
muy personal,
un sueño-libro.
Trama, desenlace, paradoja
concluye (como nunca me suele ocurrir).
¿Eras tú, Jessy Jones, quien me decía que llevara más
[dinero al colegio?
De niña desarrollé una gran habilidad para robarlo
[de mis
compañeritas.
Colegio, casa, parque.
¿Eras tú, Jessy Jones, o el espectro de la rabia, o del
[amor,
o de la madre?

Ella:
buscó amor en los conciliábulos médicos,
intercambió roles, rompió los límites para idear una
[relación
formal amorosa imposible.

Ella:
no tiene criterio de realidad,

desea más allá de lo deseado,
no tolera las frustraciones.

Ella:
se enamoró primero de su jefe (lugar común),
la apedrearon por loca,
ese fue el antecedente de la primera consulta
deprimida.
Ellos levantaron el telón,
el síntoma: su fracaso para realizar la expectativa.

Ella no tolera que le nieguen algo,
le dieron un mundo de confort, mármol y oro,
forma berrinches,
tira las puertas,
odia que la ignoren,
aunque a veces busca brillar por su ausencia y cuando se suicida
olvida que no hay nada más olvidado que un muerto.
La gente, comentaba Chaplin, me pregunta cómo se
[me ocurren
las ideas. Ellas nacen de un deseo incesante de tenerlas.

Tú eres la palabra:
mientras más me rechaza más la busco,
cuando la encuentro, puede que me acaricie o me
[maltrate,
se queda por tan sólo un instante, y luego se va con otra.
Tú eres la palabra:
me apedreas por grosera,
te saco provecho literario,
te quiero joder

(1988)

¿Nunca se acabará este insistente tono ladrillo:
la tediosa carretera que conduce
a otro sandwich artificial?
Quizás cuando se abran
las tontas luces de Orlando City
y los turistas consuman su último dólar.
Jamás habrá un accidente en la sonrisa
que religiosamente desea un buen día.
En todos los recodos del camino
convergirá la misma canción:
Nena, tu fuego me quema,
mientras el sol ahuyenta a cada próxima gasolinera.
Tan reacio
todo.

Me quedo mirando la palabra,
la ruina que originó mi primer verso,
sólo cosas diciéndose por siempre y nunca más,
no habrá más talento surgiendo en los escombros,
solo letras de otros anuncian el desastre.

EL PERDEDOR SE LO LLEVA TODO
(1997)

Caesar's Palace
(Las Vegas 1980)

> *Amasé sólo barro y de él extraje oro*
> Baudelaire

El paisaje de mis veinte años fue
encaje y algodón rosado en Las Vegas
olor a ropa nueva de la mano de mi madre
el vapor que exhalaban las alfombras del *Caesar's*
violentar precozmente el cerco del bacará
menta con hielo, limosinas y paseos a Virginia City
el legado de hagan sus apuestas
mucho romanticismo.
Vivir era sólo una cortesía de la casa
así de fácil.
La fortuna no iba más allá de la tentación de las fichas
de las grandes suites
del asombro de los hoteles en el Strip
de los bikinis mínimos
de los hombres apuestos
de las caídas del sol en islas exclusivas.
En todo eso creí
porque creer era desestimar el tiempo
y el diseño que él deja
o reservarme también el derecho de admisión
porque a mucha gente no admití.
Aún así
bastantes veces hui a la explosión de las luces de ese destino
fui una muchacha pensativa
pensé cosas por las que nadie daría un níquel.
Ahora que los números me traicionan en las ruletas
y me da miedo ver las cartas
lo he apostado todo.
Pertenezco a una legión distinta de ganadores.

Ayer
hubo hombres que apostaban su destino
en otras tierras
donde los jugadores desfilaban
como ejércitos en la noche
en la ausencia de relojes
la vigilia de las orquestas
y la dulce vida se concretaba
como en una estampa de Andy Warhol.
De esas playas inusuales, sin luz de día
se despedían los cuerpos, rozagantes, tranquilos.
Si mi vida fuera así de baldía
si no estuviera ahora en esta tierra
de poetas que sufren y rememoran lo perdido.
Sus infancias
sus paraísos.

Si hubiéramos celebrado
el cumpleaños del poema,
si mi vida hubiera sido
como el hilo de una metáfora
y mis pretendientes aficionados
a vicios más erráticos.
Si el inicio hubiera sido
como estas mis nuevas costumbres.
Si toda mi primera vida
no hubiera caído en desuso, como hoy.
Quizás no conocería la diferencia.
Porque desear y apostar es lo mismo.

Todo pasado se anulaba
mientras conversaba
al lado de un texano
y en el vuelo de las ocho horas
que iba de Nueva York a Las Vegas.
Juntos descendimos
al aeropuerto de la ciudad de las luces
donde ancianas satisfechas y bronceadas
derrochaban sus dólares
en las máquinas tragamonedas
y las voces de las estrellas más famosas
se consignaban en una cinta
que daba la bienvenida.
Era obvio que le gustaba
porque al llegar
me presentó al amigo que le recibía
—ebrio—
ya que faltaban pocas horas
para que estallara el año nuevo.
Ambos me condujeron
hacia el *Caesar's*
no sin antes darme
un mapa con la dirección
de la fiesta que darían esa noche.
El lobby vestía de rojo
y allí me esperaba mi padre
que había dejado
el salón de fiestas.
Mi padre se parecía
al Sha de Irán

fue lo que dijeron
cuando faltaban escasos minutos
para que retumbaran
los pitos y las orquestas.

Mientras caminaba por la noche helada del Strip
pensaba que no me dolían las pedradas
que no había logrado acribillarme
ya que me acogían
las luces cálidas del *Sands*
el cómplice glamour de los casinos
allí donde posiblemente
un croupier tributaría mis ojos
con una ficha extra.
En la dejadez de la noche
profunda del desierto
alguien olvidaba su estola
en la limosina.
Pierdan Hagan sus apuestas.
En Las Vegas
no hay conceptos de vida ni errores.
Toda marca se diluye
en el calor de un Scotch y soda.
Pero nadie invadirá
mi cuarto de princesa
sólo la camarera
que deposita un chocolate de menta
sobre mi almohada.

Aquí hay hombres y mujeres
que pueblan la intemperie
habituando sus cuerpos
a las madrugadas.
Aquí hay sonrisas familiares
esbozándose bajo un cielo
de luces artificiales
y plafones de arañas.
Aquí hay gerentes
que riegan oxígeno
para que resistan los jugadores
y obsequian tragos
y cigarrillos mentolados.
Aquí hay ancianas
de cejas pintadas y fúnebre alegría
auxiliándose con sus bastones
sobre los rojos tapetes.
Aquí hay jovencitas
esbeltas y provocadoras
traficando con sus caras
y *dealers* comprando belleza
a cambio de exquisitos
trucos en las barajas.
Aquí hay gigolós
apostando a la ruleta
y en el fondo un poeta ilustre
jugando a los dados
ebrio en su sangre.

A veces
la vida viene
como un haz de reyes
y habitamos palacios
e imperios.
A veces
la vida viene
como la carta más baja
rozamos con otros transeúntes
la suciedad en las aceras
habitamos los árboles, los pájaros
pedimos el pan como los pobres.
A veces
la vida viene como la vileza.
Entonces nos aferramos a la suerte
frenéticamente.

Me enamoré en diciembre
en el mediodía del lejano oeste americano
cuando, sin sospecharlo,
hilaba sueños a lo Virginia Woolf.
Si no hubiera sido por su prisa
de precoz hombre de negocios
que quería gerenciar hoteles con casinos
hubiéramos recorrido el Grand Canyon
el silencio de Nevada
pero el tiempo se disipó
como una burbuja de champagne.
He vuelto
y la ciudad
es un almirante que regresa a su navío
sílabas que se deshacen
en un poniente de luces.

Los apostadores en Las Vegas
regresan pálidos a sus habitaciones
a las cinco de la madrugada
y esconden las ganancias de la noche
en esos cuartos decorados a lo «Hog Stomping Baroque»
allí donde hay teléfonos y candelabros de cristal
en los baños
y mucha provisión de Don Perignon.
Uno de los escasos psiquiatras que atiende allí
viste de seda negra de moharé
con botones de metal
y cuello vuelto sobre los hombros
sin solapas.
Más allá de Charleston Boulevard
se halla el pabellón estatal de enfermos mentales
donde convalecen algunas de las víctimas del Strip.

Hay una muchacha
de piel pura como si fuera pulida
y pelo teñido, en esta ciudad sin relojes.
Ella aguarda frente a una tarima
que sostiene un gran globo de café caliente.
Son las siete y media de la mañana
en esta ciudad que no despierta
porque nunca se acuesta.
Cinco hombres juegan al poker
en una mesa de mantel verde.
La única tarea de esta muchacha
de pelo teñido y piel pulida
es mantener a los jugadores
calientes con café.

Esta ciudad fue un desierto.
Ella se erigió sobre una historia
de amores, mafias, traiciones,
mucho dinero y mujeres exquisitas.
De ese sueño sobreviven
algunos magos descoloridos que sustraen
relojes y corbatas sin ningún sobresalto,
strip girls sin lascivia
y gordos babosos y borrachos
cortejando a las mujeres
con ríos de buena champaña.
Mientras tanto,
Frank Sinatra desafina:
(Those where the days, my friends
we thought they will never end)
Yo me siento sobre la escalera
de felpa y lloro:
(Quisiera que mi vida fuera
como una película).

Hay una esquina en un lugar
privilegiado del Strip
donde se yergue el gran hotel *Flamingo*.
El se sostiene a través de dos cilindros
rosados a cada extremo
y ocho pisos cubiertos de cabo a rabo
por anillos de neón en forma de burbujas
Las Vegas es la imagen de un enfermo mental
manejando una máquina automática.

Las Vegas es lo que todos y
cada uno de nosotros sabemos:
Mujeres decrépitas jugando
ininterrumpidamente en las
máquinas automáticas,
corrupción, prostitución
y falacia divisándose en todas
las gamas de colores pasteles
del litoral de La Florida.
Las Vegas es el laberinto
que diariamente habitamos,
del que todos y cada uno de
nosotros sabemos,
pero estamos.
(Vistosa, tentadora y vacía).

¿Quién puede decir que he perdido?
si no es menos naranja la naranja porque se pudre
si no es menos árbol el árbol porque se tuerce
si nos cubre el hábito del cielo,
el hábito de la mañana
el hábito del día
Todo esto que hemos hecho
fructuoso o no
es nuestra piel, nuestro nombre
No podemos recorrer todos los jardines
no podemos tener todos los silencios
Este camino es nuestro único camino
nuestras raíces se han aferrado
al oro y al barro
hemos cosechado en la podredumbre
Que nuestro privilegio, nuestra ganancia
es la costumbre y el viaje
es a lo que me refiero.

SESIÓN DE ENDODONCIA
(1997)

Si bien siempre ha existido la sospecha de que todo libro se revela como repetición de otro, con seguridad lo que ciertamente se repite en cada uno de ellos son las dedicatorias. También creo que el valor de cada una de ellas reside en su simpleza.

A la memoria de mi madre y mi padre, Amalia y Larry Kornblith y de mi hermana Mónica.

Saga de la Familia

En todas las casas
siempre habitará una poeta
con una hermana (que no es poeta)
que le dirá
que escriba una biografía
sobre su familia.
En todas las casas
habitará una poeta
—loca además—
como aquellas que sostienen
a duras penas
sus propias biografías desdeñables:
Ellas avizoran pasados autistas
mujeres que dicen palabras soeces
dan rumbos a medianoche.
En todas las casas
habitará un primo lejano
—que vive en otro país—
y que busca (en inglés)
la génesis de la familia.
Conoció, hace años,
a esta pariente esquizoide
(tan callada, tan lejana —dijo—)
(«So quiet, So withdraw»).
No la reconoció en su última foto
(«lucía tan diferente»)
(«She looked so diferent,
so atractive, so outloked»).

En todas las casas
habitará una hermana poeta
—loca además—
que busca su propia desdeñable
génesis
(aquella que ya conocemos).
En todas las casas
habitará una hermana
que le pedirá a su hermana poeta
que escriba la historia
de la familia.
Esta poeta (loca de la casa)
pasará a formar parte de esa saga
el día en que deje el teléfono desconectado
en el filo de la madrugada.

Hoy
se me ha perdido el mundo.
Es a mi propio extravío
lo que busco.

Sólo hay una forma de locura
(he tardado años en entenderlo)
aquélla en la que se cree
que todo se ha perdido
mas nada se ha perdido
aquélla en que se cree
que nada se ha perdido
mas todo se ha perdido.
«Tenemos que discutir
en detalle este problema»
—diría usted—.

Busco el amor
en la canción
busco el amor
allí donde termina
la historia.
Busco el amor
en todo lo que no soy
en todo lo que no puedo.

Cómo duele
no dejar que entres
en mis labios vírgenes.
Cómo duele
planear el poema de amor.
Cómo duele
vivir como una vela
en el viento
cómo duele
un beso.

Porque, además
terriblemente,
uno sólo viene a
la vida
a vivir,
como a todo.

Diría
que hace mucho
apenas viví
la frágil certeza
de un sueño.
Diría
que un día
me prometieron un
jardín de rosas
pero ni siquiera logré atravesar
este puente sobre aguas
turbulentas.
Diría que mi vida
fue la de un trapecista
que ha perdido su cuerda
floja.
No diría
decir «aquellos tiempos»
algo tan obvio para uno
¿qué más da?
si todos los poetas
nos fundamos sobre un
primer lugar común.

Cinco latas de coca cola al día.
Dos cajetillas de cigarrillos,
media docena de calmantes,
siete tazas de café
¿quién soy,
qué busco,
que siento?
Soy
mi propio hastío.

Vitrolero de Sabana Grande

No era precisamente
arrogancia lo que derrochaba
en esa noche de hace quince años
en la que busqué entregarme a ti
en una esquina del bulevard de
Sabana Grande.
Tú dejaste tu vitrola a la intemperie
así como unos sucios discos de los sesenta.
Caminamos.
Esa noche llovía
y me ofrendaste con una bandeja
con cuatro perro calientes
algunas coca colas
allí, en Crema Paraíso.
Me regalaste un brazalete de los hippies
pero en el día de nuestra primera y última pelea
me dijiste que te lo devolviera,
yo ya lo había echado al cesto
(era signo de mal augurio, me dije).
Esa noche de hace quince años
te mostré unos sucios originales,
no los entendiste, hablabas inglés,
eras trinitario.
Penetramos en la oscuridad y la intemperie
en búsqueda de un hotel.
Tú rechazaste la oferta,
no sé si por pudor
o por falta de dinero.

Regresamos a la acera
a recoger tu vitrola y tus discos
(algunos amigos buhoneros
lo habían hecho ya por ti).
Vitrolero de Sabana Grande
hoy, que ya no sé nada de ti,
ahora que encajo en otros trajes
y miro de reojo,
cuando hay otra gente,
otras calles que me acogen
regreso a ti en este poema
con elegancia.

Anoche tuve un sueño,
un verdadero sueño,
era Aristóteles Onassis
quien me ofrecía matrimonio.
Tomaba mi mano, mi rostro, mi pelo.
Frenéticamente
él me deseaba.
Sólo Dios puede saber
lo que esta mujer quería
detrás de este viejo decrépito.

(Sesión de endodoncia)

Hay un dentista
que desde hace dos semanas
conoce cada partícula de
mis dientes.
Hay un dentista
de ojos azules
sonrisa amplia
y dientes perfectos.
Hay un dentista
que habla en argot de dentista:
resinas, impresiones,
tratamientos de conducto,
coronas.
Hay un dentista,
dulce como hombre,
severo como dentista
que recuerdo cada vez
que cepillo mis dientes
que me despide después de
mi sesión de endodoncia
y yo me voy
con mis labios
anestesiados
para no sonreír nunca más.

Hoy pienso
en todo lo que recoge
una biografía:
En la historia
de los pobres guardarropas
de los poetas.
Después de tanta hambruna
y desastre
en Edgar Allan Poe
inventando viajes
imaginarios
haciendo minuciosos estados
de cuenta.
Después de tantas biografías
de poetas
se sabe que hubo hambre
y angustia
(Esto se ha dicho hasta la
saciedad)
y que ellos aman los buenos
vinos y las mansiones como a
los libros.
Pero en esas biografías
la casa de Edgar Allan Poe
está escrita entre comillas.
Desde entonces,
los poetas andan de negro
a la usanza de los cuervos
y escriben cosas terribles.

Asistir un sábado por
la tarde a una librería
sin sopesar
lo tontos que éramos
que plagiábamos hasta la
desdicha y el suicidio.
Asistir un sábado a la
librería
para copiar a Silvia Platt
o al más cercano vecino.
Aunque igual.
casi todo convergía siempre
en infortunio
era un argumento para
tener de pronto
un rapto de inspiración
y correr de vuelta a mi
casa
para escribir un poema
sobre esta ciudad
que tanto detesto.

Sábado es día para odiar
a esta ciudad
y a sus poetas,
hasta la muerte.

Sé que bajo de mí
algo se cuece, algo se conspira.
Alguien me martiriza
sin derecho a réplica.
Yo callo y obedezco.
Pero lo diré en un poema,
lo diré en un poema.

Era casi
una pelea de apaches
casi un western americano
habían buenos y malos
blancos e indios.
Era casi una guerra fría
habían culpables e inocentes
cómplices y aliados.
En un rincón de la sala
un bebé lloraba
¿por qué lloraba?

Y si el poema
no fuese
mero ejercicio de vanidad
vana soberbia.
Y si el poema fuese
flecha que alcanzara
al asesino de poetas,
y si el poema fuese
papel que secara las
lágrimas
en las horas de más dolor.

Es Martes
leo a Kristeva
(«la melancolía es estéril
si ella no deviene en poema»)
Es Martes
y hace un mes
mi mano izquierda
ardía en carne viva.
Conocí a un médico
al que amé con locura.
Ese hombre lavó
mi sangre
ese hombre limpió
mi piel quemada
con indulgencia.
Ese hombre conoció
mi llanto
pero ese llanto
no era un llanto
que venía de adentro
era un llanto
distinto,
un llanto de afuera.
Es Martes
leo a Kristeva:
(«Habito la cripta
secreta de un dolor
sin palabras»)
A él le dedico
«Del dolor puede surgir

el amor, el más profundo
amor»)

Es Martes
y leo a Kristeva:
«La melancolía es
una perversión,
a nosotros nos toca
conducirla hasta las
palabras y la vida»

Cuando caiga el gobierno
estaré habitualmente sola.
Como habré pospuesto
las compras
—como es habitual—
de tanto usar el tiempo
para imaginarte,
mi despensa andará
vacía
y deambularé sin un
grano de pan,
ni parientes, ni vecinos
ni calmantes, sola.
Seré una mujer en un
país en guerra
que piensa en ti
habitualmente
—sola—

Adiós, poema, adiós
he tratado de explicarme el cielo
he bailado con un poeta
en noches ebrias.
Adiós, poema, adiós.

Nunca más seré poeta
nunca más seré poeta.

Poema por la falta de mi Madre

Madre
ahora que tu espíritu
ya no recorre esta casa
que además ya no es la tuya
porque ahora el resentimiento
se mide en metros cuadrados
y jugamos a la herencia
como chivos expiatorios
esperando ansiosamente
la hora del monopolio.
Madre
ahora que ya no soporto
el desorden de las mañanas
la rigidez de los desayunos sola
sola, cuando no encuentro los pares
de las medias
y mis camisas están arrugadas
sola, cuando sólo hay agua fría
en el calentador
sola, cuando nos acompañábamos
con inocencia los sábados por la tarde
y que ahora parecen tan ajenos.
Madre
he de confesarte que además de
haber enterrado a la muñeca
no he cumplido con tus aspiraciones
de buena ama de casa, madre de hogar,

hijos, nietos, etc.
que me convertí en poeta
que es lo mismo que decir
en poeta suicida
y que por eso
juego y seduzco a la muerte
todas las noches.
Madre,
he de confesarte
que sola
ahora, apenas
persigo cucarachas
persigo cucarachas
persigo cucarachas
persigo cucarachas

TESTIMONIO

Por Miriam Kornblith

Martha... así te recordaré siempre

Martha fue una niña muy linda y alegre. De las tres hermanas, Martha era la más bonita. Tenía los ojos azules como mi mamá y el pelo lacio color castaño. Me encantaba peinarla. Era como una muñeca. Cuando vivíamos en Lima le hacía trenzas y moños antes de ir al colegio. Muchas veces llegábamos tarde a clases porque me demoraba haciéndole los peinados y teníamos que llegar corriendo al colegio. Las tres hermanas estudiamos en Lima, en un colegio judío, el León Pinelo. Martha tuvo una infancia muy feliz en Lima. Mónica, nuestra otra hermana, y ella eran muy unidas pues apenas se llevaban un año y medio. Martha tuvo una relación muy especial y cercana con su cargadora que se llamaba Fortuna, a quien llamaba "mama Una". Recuerdo que a Martha le encantaban las botas de *cow-boy* y siempre le pedía a mi mamá que le comprara ese tipo de calzado. Conservo fotos de ella montada en un columpio con sus botas de vaquero.

Vivimos algo más de 10 años en Lima, la ciudad donde nació Martha. Mi papá trabajaba para Universal Pictures. Como mi mamá era muy habilidosa con las manos, montó con una amiga un negocio de costura de muñecos, adornos de casa y de ropa; también nos tejía y cosía ropas a mis hermanas y a mí. A mediados de 1969 nos trasladamos a Rio de Janeiro. En esta ciudad, mi papá resolvió retirarse de las empresas de películas y comenzar otra actividad.

Mónica y Martha estudiaron un año en un colegio judío en Rio de Janeiro.

Mis padres provienen de familias judías originarias de Europa que emigraron a América. Mi familia paterna emigró a Estados Unidos desde Polonia y Alemania. Larry Kornblith, mi papá, nació en Brooklyn. Se graduó de idiomas en la Universidad de Florida, a donde se mudó su familia. Durante muchos años se dedicó a trabajar como gerente de distribución de películas en compañías cinematográficas norteamericanas. La empresa en la que trabajó durante más tiempo fue Columbia Pictures. Su primer trabajo fue en Panamá.

La familia de mi mamá emigró a Venezuela desde Polonia, inicialmente a Valencia. Mi mamá, Amalia Sonnenschein, nació en esta ciudad. Estudió bachillerato en Caracas y luego trabajó un tiempo como laboratorista.

Mi papá conoció a mi mamá cuando lo transfirieron a Venezuela. Se casaron en 1951. Luego de casarse, por razones del trabajo de mi papá, se mudan a Bogotá donde nací yo en 1953. Diez meses después de mi nacimiento, nos trasladaron a Puerto España, en Trinidad y Tobago, donde nació mi hermana Mónica. A finales de 1958, nos mudan a Lima, Perú. A los meses nace Martha, el 7 de mayo de 1959. Después de poco más de 10 años en Lima, nos trasladaron a Rio de Janeiro por un año. Nos residenciamos en Caracas, donde estaba toda la familia de mi mamá, a finales del año 1970. Allí nos quedamos. Mi papá trabajó en la empresa Rotoplast, que tuvo durante mucho tiempo la representación de la muñeca Barbie. Allí trabajó con varios miembros de mi familia materna. Aunque nosotras ya estábamos grandes para jugar con Barbies, más adelante mis sobrinas, Sandra y Eva, sí las disfrutaron mucho. Mi mamá trabajó como asistente ejecutiva en una oficina bancaria. Mis hermanas, Martha y Mónica estudiaron lo que les quedaba de primaria y bachillerato en el Colegio Moral y Luces de San Bernardino. Martha hizo el bachillerato en Humanidades.

Cuando se graduó de bachiller, Martha, viajó a Israel y vivió en un Kibbutz durante un año. Regresó y estudió Comunicación Social en la Universidad Central de Venezuela.

Mientras estudiaba consiguió trabajo en Radio Caracas Televisión en el equipo de redacción del noticiero de RCTV. Llegó a hacer algunos reportajes en la calle. Recuerdo que trabajaba con Luis García Mora. Junto a otros periodistas, realizó a finales de los 70, un documental muy exitoso acerca de los principales eventos de la década.

También trabajó durante varios años a lo largo de los 80 y 90 en el periódico *Nuevo Mundo Israelita* en Caracas. Su trabajo fue muy apreciado y desarrolló algunas relaciones personales muy fuertes con algunos miembros del equipo de redacción del periódico. Pablo Goldstein, jefe de redacción del periódico, decía que Martha tenía un talento especial para titular y captar lo esencial de las noticias. Y, otra colega del periódico, Priscila Abecasis, que había sido su compañera del colegio, decía que se destacaba por su especial manejo del idioma.

Durante su bachillerato en Caracas, Martha tuvo como hobby tocar guitarra. Aunque no era especialmente talentosa para la música, se decidió a aprender a tocar el instrumento y lo logró. Era muy empeñosa y perseverante (de signo Tauro) en lo que se proponía. Aunque su verdadera pasión siempre fue la poesía. Escribía a escondidas.

Martha era muy observadora, callada y con un sentido del humor agudo. A veces lucía como distraída y desentendida, pero cuando conversabas con ella te dabas cuenta de que observaba y reflexionaba con detenimiento. Percibía cosas más allá de las apariencias. Me gustaba ver telenovelas con ella porque adivinaba lo que iban a hacer los personajes. Esa habilidad se le acentuó cuando trabajó en RCTV. Me fascinaba hablar con ella acerca de las personas y de todo tipo de acontecimientos, pues tenía un punto de vista original y diferente. Creo que esa mirada penetrante, personal y no convencional se refleja mucho en su poesía.

Martha era muy coqueta y tenía muy buen gusto para vestirse y escoger la ropa. De jovencita rompía corazones. Era muy atractiva y "levantadora". Cuando íbamos a Aruba con mis padres y amistades, los crupieres se fascinaban con ella, le regalaban fichas y la dejaban ganar. Cuando estaba de moda la serie Los ángeles de Charlie mucha gente decía que se parecía a Farrah Fawcett.

A Martha le gustaba mucho viajar. A su regreso de Israel hizo un viaje muy interesante por varios países de Europa. Viajó con mis padres a Florida y

Las Vegas. Íbamos con frecuencia a Aruba con mis padres y mi hermana Mónica. Viajó conmigo a Perú y a Bolivia y a Bonaire. También hicimos un viaje muy divertido por el Delta del Orinoco. Cuando yo viví en California por un tiempo, ella me fue a visitar y pasó unas semanas conmigo, también estuvimos juntas en Nueva York. Leyendo sus textos he notado como estos viajes dejaron huellas en sus poemas.

De adulta Martha pintaba acuarelas. Hacía unos cuadritos muy lindos y delicados, con colores pastel. A veces hacía unas reproducciones muy personales de autores famosos. Hizo unos collages muy lindos, donde mezclaba lo que pintaba con adornos de diferentes materiales. También hacía unas cajitas de papel muy delicadas, que también eran unos collages con sus pinturas y materiales diversos como cintas, botones y pequeños adornos. Conservo varias de sus creaciones.

Martha adoraba a sus dos sobrinas, Sandra y Eva, hijas de Mónica y estaba muy emocionada con la llegada de mi hijo, su sobrino Leonardo, con quien compartió durante su primer año y medio de vida. Recuerdo que cuando nació Sandra, nuestra sobrina mayor, firmó en el cuaderno de autógrafos "Martha, la tía con más nombre de tía". A Leo le regaló lápices de colores, unas crayolas y unos lápices gruesos de los Andes, quizás como parte de su afición por pintar.

La poesía fue su gran pasión, su gran legado y su mayor satisfacción. Recuerdo su emoción cuando *Oraciones para un dios ausente* salió publicado. La poesía también le deparó bellas amistades, como la de los poetas Carmen Verde Arocha y Rafael Arráiz Lucca, así como un lugar muy especial en este cosmos que auscultó tan profundamente con su mirada interior y sus grandes ojos azules.

Agosto de 2016

EPÍLOGO

Por Rafael Arráiz Lucca

A mediados del año que viene (2017) se cumplen 20 años de la muerte voluntaria de Martha Kornblith (1959-1997). Su entrañable amiga, Carmen Verde Arocha, me ha pedido este epílogo para la publicación de su obra completa. Este homenaje que Carmen articula es secundado por todos los que conocimos y quisimos a Martha, por todos los que valoramos su poesía. Voy a comenzar estas líneas reproduciendo lo que escribí para *El Papel Literario* del diario *El Nacional*, cuando no había pasado una semana de su partida, con el temblor en los dedos, lamentando su fatal decisión.

Decía en junio de 1997: "Recuerdo como si fuera hoy la mañana en que leí el primer poema de Martha Kornblith. Estaba en la oficina que ocupábamos quienes hacíamos la revista *Imagen* y corría el año 1985 o 1986. Manipulaba los manuscritos del próximo número, que ofrecería una breve antología de poetas inéditos, y comencé a leer con desgano un texto que amenazaba con ser largo. No tenía título, pero hablaba de un hombre llamado Jesse Jones y al apenas concluir el primer verso intuí que algo precioso me regalaba el destino aquella mañana soleada de enero: uno de los poemas más intensos de toda la poesía venezolana. Estremecido, al terminar la lectura me pregunté: ¿y esto quién lo escribió? Inicié las pesquisas necesarias, pero nadie sabía cómo encontrar a la muchacha que había llevado el poema. No había dejado sus señas, nadie la conocía. Desistí de buscarla, pero su nombre quedó grabado en mi memoria: algo me decía que el destino nos sentaría en la misma mesa."

Así fue. En todos los talleres de poesía que coordiné entre 1989 y 1994 participó Martha, entre sus treinta y sus treinta y cinco años. De todos ellos, el más intenso fue el que tuvimos en la sede de La Castellana de Monte Ávila Editores, donde se engendró el Grupo Eclepsidra, que se ha mantenido como una vigorosa editorial, con más de 200 títulos publicados. En aquel taller nuestra poeta escribió su primer libro: *Oraciones para un dios ausente* (1995). Entonces, siendo todavía una autora in pectore la entrevisté para mi libro *Conversaciones bajo techo* (1994), en donde en una sección del volumen apostaba por autores inéditos: Michael Penfold, Tatiana Escobar, Fernando Escorcia, Luis Gerardo Mármol y Miguel Ángel De Lima. Martha apuntó, ante mí insistencia: "Yo no tengo esa visión trágica de la poesía. Para mí es un gran placer escribir. Si, por ejemplo, me levanto un sábado deprimida, aburrida, sin saber qué hacer con mi vida y, de pronto, logro escribir un texto, pues ese día ya es otra cosa, es un día que floreció. Yo odio a esa gente desgarrada que anda con un poema en la mano sufriendo. No me gusta, me choca porque el poema es mi yo feliz."

En aquella nota de despedida de Martha que se publicó el 8 de junio de 1997 ("La voz más profunda") advertí que pronto saldrían dos poemarios suyos. Aquel año fueron publicados *El perdedor se lo lleva todo* y *Sesión de endodoncia*, pero ya su autora no estaba para celebrarlos, para festejar su "yo feliz." Ahora, casi veinte años después, releo su poesía y tengo la sensación de la soledad, del desierto. Su palabra autobiográfica nos revela la fibra del desvarío, la temperatura del desamparo. Su verbo nos invita a un ámbito de horas dilatadas, de hastío, de una honda tristeza, de una ausencia que no logra ser explicada, ni pacificada en la mesa del avenimiento. Es, como la de Hanni Ossott, una poesía donde la experiencia psicoanalítica tiene la palabra, se asoma, se revela. No puedo decir mucho más acerca de sus palabras sin incurrir en la sensación de la profanación. El silencio se impone como un tributo, como un acto de respeto por una voz y un ser entrañable.

Ahora su poesía puede leerse completa. Tres poemarios publicados en tres años (1995-1997), justo antes de cerrar la puerta y adentrarse en un espacio desconocido. Respeto profundamente a todo aquel que no quiera estar sobre las tablas del escenario del mundo. Como suele suceder, Martha lo anunció varias veces. Su último texto escrito "Poema por la falta de mi madre", afirma:

> "Madre
> he de confesarte que además de
> haber enterrado a la muñeca
> no he cumplido con tus aspiraciones
> de buena ama de casa, madre de hogar,
> hijos, nietos, etc.
> que me convertí en poeta
> que es lo mismo que decir
> en poeta suicida
> y que por eso
> juego y seduzco a la muerte
> todas las noches."

Queda su palabra, su instrumento para el vínculo con los otros, esos con quienes se relacionó desde el silencio, con unos diálogos de frases cortas y muchos espacios en blanco. Su poesía está sostenida por un nervio extraño, incómodo y plácido a la vez. No cabe la menor duda de que el mundo no era su hogar, sí lo fue el poema, como ella misma confesó. Al írsele el verbo de las manos se le fue la vida y, finalmente, aceptó las seducciones de la muerte. Sus padres se habían ido primero, el desierto acotaba con su canícula y el oasis quedaba tan lejos como las fuerzas que la asían al mundo. Junto mis manos, bajo la cabeza y cierro los ojos y allí está Martha Kornblith, en el corazón de mis recuerdos.

CRONOLOGÍA

1959. Nace el 7 de mayo de 1959 en Lima, Perú. Hija del matrimonio conformado por Larry Kornblith, nativo de Brooklyn, Nueva York, y de Amalia Sonnenschein, nacida en Valencia, Venezuela. Era la menor de tres hermanas. Sus hermanas son: Miriam Kornblith (1953) y Mónica Kornblith (1957-1994).

1959-1969. Vive en Lima hasta los 10 años. Las tres hermanas cursan estudios en el Colegio León Pinelo de la Asociación Judía de Perú. Fue la etapa más feliz de su vida.

1969. Por compromisos laborales del padre, la familia se radica en Rio de Janeiro, Brasil.

1970. La familia se traslada a Caracas a finales de año.

1970-1975. Mónica y Martha finalizan los estudios de primaria y cursan el bachillerato en el Colegio Moral y Luces de San Bernardino, institución para miembros de la comunidad judía.

Martha estudia bachillerato mención Humanidades.

1976. Viaja a Israel. Allí reside un año. Vive y trabaja en un Kibbutz.

1977. Ingresa en la Escuela de Comunicación Social de la Universidad Central de Venezuela.

'80. Trabaja en Radio Caracas Televisión. Forma parte del equipo que redactaba las noticias para el noticiero de RCTV, hace reportajes en la calle y se desempeña como narradora de noticias. En este canal trabaja con el periodista Luis García Mora. También trabaja en el periódico *Nuevo mundo israelita,* semanario al servicio de la comunidad judía de Venezuela, bajo la dirección de Isaac Nahón Serfaty en esa época.

En esta década viaja por algunos países de Europa. En Latinoamérica, visita nuevamente Perú, Bolivia y son frecuentes los viajes a Estados Unidos, en especial, a las ciudades de Nueva York, Miami y Las Vegas. También visitó varias veces Aruba, con sus padres y su hermana Mónica.

1988. Estadía en la Clínica Monserrat en Bogotá. Allí establece amistad con el poeta colombiano Raúl Gómez Jattin.

1989. Presenta su tesis titulada "Periodismo creativo", tutoreada por el periodista Earle Herrera. Se gradúa como Licenciada en Comunicación Social mención Periodismo Impreso.

Es seleccionada por vía de concurso como integrante del taller de poesía del Centro de Estudios Latinoamericano Rómulo Gallegos (CELARG) bajo la conducción de la poeta Ida Gramcko. No culmina el taller.

Fallece su padre Larry.

Ingresa en el taller de poesía dictado por Rafael Arráiz Lucca, en la antigua sede de Monte Ávila Editores en La Castellana. El taller duró desde 1989 hasta 1994 y dio origen al grupo Eclepsidra.

1990. Fallece su madre Amalia.

1992. Se crea el grupo literario Eclepsidra, conformado por Carmen Verde Arocha, Israel Centeno, Abraham Abraham, Martha Kornblith, Luis Gerardo Mármol, Fernando Escorcia, Iván Crespo, Miguel Ángel de Lima, María Milagros Pérez y José Luis Ochoa.

1994. Fallece su hermana Mónica.

Se crea el Grupo Editorial Eclepsidra. Martha Kornblith es miembro fundador junto a Carmen Verde Arocha, Luis Gerardo Mármol, Israel Centeno, José Luis Ochoa y los otros miembros del grupo. Tiene su primera sede en los espacios de la Casa de la Poesía Pérez Bonalde en el CELARG.

Editan su primera publicación: *Vitrales de Alejandría. Antología. Grupo Eclepsidra.* En esta edición aparecen poemas inéditos de Martha Kornblith que luego serán publicados en el libro *El perdedor se lo lleva todo.*

'90. Estudia Letras en la UCV, no culmina la carrera.

Realiza varios viajes por las islas del Caribe: Aruba y Bonaire en especial.

1995. Publica *Oraciones para un dios ausente* bajo el sello Monte Ávila Editores en la colección Las formas del fuego.

1996. Conoce a Juan Liscano. Junto con otros miembros del Grupo Editorial Eclepsidra establece amistad con el poeta, quien elogia su poemario recién publicado *Oraciones para un dios ausente.*

1997. Fallece por voluntad propia el 29 de mayo.

Ese mismo año se publican póstumamente los poemarios *El perdedor se lo lleva todo* editado por el Fondo Editorial Pequeña Venecia y *Sesión de endodoncia*, por el Grupo Editorial Eclepsidra.

ÍNDICE

PRESENTACIÓN	9
PRÓLOGO por Carmen Verde Arocha	11
ESTUDIO PRELIMINAR por Gina Saraceni	19
ORACIONES PARA UN DIOS AUSENTE (1995)	27
Por eso dedicamos nuestros libros	31
Mi primer síntoma	32
Por eso me volví poeta	33
Mi universo temático	34
Tus padres te miran	35
Recuerdo tus detalles más inocuos	36
La calle está llena	37
Me dices que te hable sobre mi vida	38
Este recuerdo a lo ancho de lo eterno	39
La casa está quieta	40
No hay nada que me duela más	41
En el día del entierro	42
No me digan que la tierra	43
Mi madre me entendía	44
En las noches	45
A veces	46
Si mis ropas mueren	47
Mientras sólo	48
Ese poeta que me mira	49
He visto a un poeta escribir	50
Hoy termino de aprender	51
Aunque el amor	52
Inexorable	54
No he cambiado mi forma	55
Creer en ti	56
En julio	58

Antes de que la vergüenza	60
Hay días que viven en la memoria	61
Sería fatal decir	64
Clínica Monserrat	65
Dime Jessy Jones	69
¿Nunca se acabará este insistente tono ladrillo	73
Me quedo mirando la palabra	74

EL PERDEDOR SE LO LLEVA TODO (1997) — 75

El paisaje de mis veinte años fue	79
Ayer	80
Si hubiéramos celebrado	81
Todo pasado se anulaba	82
Mientras caminaba por la noche helada del Strip	84
Aquí hay hombres y mujeres	85
A veces	86
Me enamoré en diciembre	87
Los apostadores en Las Vegas	88
Hay una muchacha	89
Esta ciudad fue un desierto	90
Hay una esquina en un lugar	91
Las Vegas es lo que todos y	92
¿Quién puede decir que he perdido?	93

SESIÓN DE ENDODONCIA (1997) — 95

Saga de la Familia	99
Hoy	101
Sólo hay una forma de locura	102
Busco el amor	103
Cómo duele	104
Porque, además	105
Diría	106
Cinco latas de coca cola al día	107
Vitrolero de Sabana Grande	108

Anoche tuve un sueño	110
(Sesión de endodoncia)	111
Hoy pienso	112
Asistir un sábado por	113
Sé que bajo de mí	114
Era casi	115
Y si el poema	116
Es Martes	117
Cuando caiga el gobierno	119
Adiós, poema, adiós	120
Poema por la falta de mi Madre	121
TESTIMONIO por Miriam Kornblith	123
EPÍLOGO por Rafael Arráiz Lucca	131
CRONOLOGÍA	137

COLECCIÓN VITRALES DE ALEJANDRÍA (POESÍA)

- *Vitrales de Alejandría*, antología poética
- *Sable* de Edda Armas (Premio Municipal de Poesía, 1995)
- *Sultani* de Abraham Abraham
- *Kikalia* de Marcia Ottaviani (Cuba)
- *Sueño de un día* de Luis Gerardo Mármol
- *Cuira* de Carmen Verde Arocha
- *El sonido y el sentido* de Carmelo Chillida
- *En caso de que todo falle* de Graciela Bonnet
- *Cantos hiperrealistas* de José Luis Ochoa
- *Sesión de endodoncia* de Marha Kornblith
- *Que nadie me pida que lo ame* de Alexis Romero
- *El ojo de la orca* de Blanca Elena Pantin
- *Entre objetos respirando* de Gina Saraceni
- *Los trabajos interminables* de María Antonieta Flores
- *El atlas de la memoria* de Toni Montesinos (España)
- *El linchamiento* de los caballos expósitos de Rolando Jorge (Cuba)
- *Sed* de Eleonora Requena
- *Canción del difunto* de Alejandro Suárez
- *Día de San José* de Erika Reginato
- *Umbría* de Rafael Courtoisie (Uruguay)
- *La mudanza* de Gabriela Rosas
- *Tánger* de Pia Pedersen
- *Memoria ovalada* de Enrique Moya (Austria)
- *La transparencia y el enigma* de Irma Huncal
- *Me muevo aparte de la noche* de Lilian Navarro
- *Vaivén* de Juan Liscano
- *Tatuaje* de Leonardo Padrón
- *Anochecí por dentro* de Blanca de González
- *Enseres* de Julio César Rossitto
- *Desconocida* de María Auxiliadora Chirinos
- *Las tintas del escriba* de Ángel Galindo
- *La jaula de la sibila* de Moraima Guanipa

- *Linaje de ofrenda* de Miguel Márquez
- *El hueso pélvico* de Yolanda Pantin
- *Sangre* de Anabelle Aguilar
- *Plexo solar* de Rafael Arráiz Lucca
- *Submundos* de Vladimir Vera
- *Riesgo de cercanía* de Jesús Alberto León
- *Cuadernos de bitácora* de Tobías Burghardt (Alemania)
- *Pirómana* de Rafael del Castillo Matamoros (Colombia)
- *Altos de las yeguas* de Antonio Trujillo
- *El idioma de las hormigas* de Wolfgang Ratz (Austria)
- *Ceniza inicial* de Gabriel Saldivia
- *Hendidura de agua* de Celsa Acosta Seco
- *Poemas in festus* de Edmundo Ramos
- *Quemaduras* de María Ramírez Delgado
- *Escurana* de Beverly Pérez Rego
- *La voz de mis hermanas* de María Antonieta Flores
- *Sin hábitos de pertenencias* de Gustavo Portella
- *a pie de la página* de Juan Carlos López Quintero
- *De- Lirio* de Mariela Casal
- *Soy el animal que creo, Antología* de Santos López
- *Entretejido* de Victoria Benarroch
- *Agosto interminable* de Gabriela Rosas
- *El país de los muertos* de Leonardo González-Alcalá
- *De cara al río* de Joaquín Ortega
- *Purgatorio* de Luis Gerardo Mármol
- *Gramática de piedras* de Ruth Hernández Boscán
- *Caballos hebreos* de Manuel Fihman
- *Talla de agua* de Douglas Gómez Barrueta
- *madera de orilla* de María Antonieta Flores
- *Ruinas vivas* de José Luis Ochoa
- *Castañas de confianza* de Geraldine Gutiérrez-Wienken
- *Los roces domésticos* de Otoniel Medina
- *Rumores* de Jacobo Penzo
- *En el jardín de Kori* de Carmen Verde Arocha

FUEGOS BAJO EL AGUA (ENSAYO)

- *Breve tratado de la noche* de Juan Carlos Santaella
- *Satisfacciones imaginarias I. Una indagación sobre lingüística y poética* de Francisco Javier Pérez
- *Vueltas a la Patria* de Rafael Arráiz Lucca
- *Satisfacciones imaginarias II. Indagaciones sobre lenguaje, literatura y música* de Francisco Javier Pérez
- *El Caribe tiene de nombre de mujer. Identidad cultural en la literatura del Caribe anglófono: Jean Rhys* de Corina Yoris-Villasana
- *La granja bella de la casa* de Elizabeth Schön
- *El coro de las voces solitarias* de Rafael Arráiz Lucca
- *Cuatro estaciones para Ungaretti* de Erika Reginato
- *Cómo editar y publicar un libro. El dilema del autor* de Carmen Verde Arocha

CATEDRAL SOLAR (ENTREVISTAS Y TESTIMONIOS)

- *Acercamientos a Alfredo Silva Estrada* de Chefi Borzacchini

EL FALSO CUADERNO (NARRATIVA)

- *Cuentos para gnomos* de Deyanira Díaz
- *Breviario del ocio* de Carmen Rosa Gómez
- *El mundo sin geometría* de Enrique Moya
- *Lucía* de Ligia Mujica de Tovar
- *Qué habrá sido de Herbert Marcurse* de Jacobo Penzo
- *Vieja Verde* de Alicia Freilich

EL PATIO DE LAS ANCÍZAR (DRAMATURGIA)

- *Lo escuché llorar en mi boca. Tríptico de Caracas* de Joaquín Ortega
- *Polvo de hormiga hembra* de Yoyiana Ahumada

SERIE LOS CUADERNOS DEL DESTIERRO

- *El libro de la tribu* de Santos López

COLECCIÓN AUTORES EMERGENTES

- *La memoria de los trenes* de Victoria Benarroch (POESÍA)
- *Bitácoras de mundos imposibles* de Saúl Rojas Blonval (NARRATIVA)
- *Ucronías. Ficciones Filosóficas* de George Galo (NARRATIVA)
- *Casa de Espejos* de María Consuelo Bianchi (POESÍA)

ECLEPSIDRA EN RED

- *Cómo editar y publicar un libro. El dilema del autor* de Carmen Verde Arocha
- *Bitácoras de mundos imposibles* de Saúl Rojas Blonval
- *En el jardín de Kori* de Carmen Verde Arocha
- *Ucronías. Ficciones Filosóficas* de George Galo
- *Plexo solar* de Rafael Arráiz Lucca
- *El hueso pélvico* de Yolanda Pantin

www.ingramcontent.com/pod-product-compliance
Lightning Source LLC
Chambersburg PA
CBHW071509040426
42444CB00008B/1565